1.

Die Wahlen zum Reichstag in Erfurt sind theils vorüber, theils noch im Zuge. Die Wahlagitation zeigte sich thätig und unter verschiedenen Fahnen schaarten sich die Parteien. Eines der Losungsworte, welches bei dieser Gelegenheit in Preußen bis jetzt am meisten von der einen Seite gepriesen, von der andern Seite bekämpft worden, ist: „die Annahme der Verfassung vom 28. Mai en bloc." Es will uns bedünken, als sei dieses Losungswort nicht das präcise und naturgemäße Kennzeichen der Partei-Unterscheidung. Wir sehen auf beiden Seiten Männer streiten, die eigentlich in der deutschen Frage wesentlich dieselbe Richtung verfolgen. Unter denjenigen Gründen, welche gegen die Annahme en bloc vorgebracht werden, lassen sich schon jetzt folgende verschiedene Kategorien erkennen.

Ein großer Theil dieser Einwendungen gründet sich auf den Umstand, daß die Verfassung vom 28. Mai auf ganz Deutschland außer Oesterreich berechnet ist, also keinesfalls ohne Modifikationen für die bis jetzt verbündeten resp. dem Bündniß treugebliebenen Staaten eingeführt werden kann.

Eine von der vorigen verschiedene Klasse von Umständen richtet sich nicht gegen die Anwendbarkeit der Verfassung auf das gegenwärtige Bundes-Gebiet, sondern gegen ihre innere Beschaffenheit. Auch diese Klasse von Ausstellungen läßt wieder zwei Hauptgesichtspunkte erkennen:

Die einen sind mit dem Grundgedanken des Verfassungsorganismus einverstanden, wünschen aber manche Flüchtigkeit in den einzelnen Bestimmungen verbessert und namentlich die Grundrechte in conservativem Sinn und in einer Weise revidirt zu sehen, welche mit der gereifteren Revision der Grundrechte der preußischen Verfassung im Einklang steht.

Die andern dagegen widerstreben den Grundideen des Organismus der obersten Reichsgewalten; sie halten Preußens Selbständigkeit durch die Verfassung für gefährdet und wollen ihm bei der Revision eine isolirtere Stellung, eine von der Gemeinsamkeit mit den übrigen deutschen Staaten getrenntere und unabhängigere Sphäre der Politik sichern.

Während die Letzteren, wenn man ihre Ideen scharf zergliedert, im Grund überhaupt von dem Grundgedanken der Verfassung vom 28. Mai, von der Idee des Bundesstaats, sich entfernen wollen und sich eher einer verbesserten Reorganisation des Staatenbundes zuneigen, so können dagegen die übrigen warme Anhänger der nationalen Einigung Deutschlands zu einem Bundesstaat sein. Sie alle aber werden trotz der großen Verschiedenheit ihrer Gründe unter dieselbe Fahne gegen die Annahme der Verfassung en bloc getrieben.

Auch Diejenigen, welche diese Annahme in Bausch und Bogen vertheidigen, haben kein klares, den wirklichen Parteiunterschied bezeichnendes Losungswort und lassen die Hauptfragen, welche in Erfurt zu lösen sein werden, unbeantwortet, nämlich die Fragen:

ob und wann eine Totalrevision der Verfassung vom 28. Mai stattfinden soll,

welche Paragraphen mit Rücksicht auf das gegenwärtige faktische Gebiet des Bundesstaats zu suspendiren sind, und

welche Gestalt das Provisorium haben soll, das sich vorläufig bis zum Beitritt eines oder mehrerer der mittleren Königreiche zum Bundesstaat nöthig macht.

Es sei uns der Versuch gestattet, einen Beitrag zu der Lösung dieser Fragen in den folgenden Ausführungen den vielen Diskussionen hinzuzufügen, welche jetzt darüber gepflogen werden.

2.

Daß die Annahme der unveränderten Verfassung vom 28. Mai nothwendig sei, um Hannover und Sachsen rechtlich zum Festhalten an derselben zu binden, ist schon vielfach deducirt worden. Man hat dagegen bemerkt, daß hierauf nicht viel ankomme, weil die faktischen Zustände dadurch wenig verändert würden. Bei diesem Einwand verkennt man aber, wie gewichtig es namentlich in jetziger Zeit im Staatenverkehr ist, die Verträge und das formelle Recht für sich zu haben.

Eine andere Erörterung mag hier unerörtert bleiben, nämlich die, inwiefern diese bindende Annahme der Verfassung nothwendig bis zum 26. Mai 1850 erfolgen muß*). Wünschenswerth ist es jedenfalls, daß der erste Mai, an welchem das Interim abläuft, eine vollendete Gestaltung des Bundesstaats vorfinde.

Der Nothwendigkeit einer unveränderten Annahme der Ver-

---

*) Die Verpflichtungen aus dem Vertrag vom 26. Mai sind zum Theil bloß temporaire, zum Theil nicht auf eine bestimmte Zeit beschränkte. Zu den letzteren gehört die im Art. IV. übernommene Verbindlichkeit, durch Gewährung der verabredeten Verfassung an das deutsche Volk „den ernsten Willen zu bethätigen, die Verhältnisse Deutschlands in Zukunft nach den Bedürfnissen der Zeit und den Grundsätzen der Gerechtigkeit zu ordnen.“ Die Beschränkung dieser Verpflichtung auf ein Jahr würde gar keinen Sinn haben.

Nach Art. III. §. 1 und 4 sind nur diejenigen Verabredungen, welche sich auf die Oberleitung des Bündnisses durch Preußen und auf die Einrichtung des Verwaltungsraths beziehn, vorläufig auf ein Jahr getroffen. Insofern nun dieser Verwaltungsrath die Maßregeln zur Berufung des ersten Reichstags und zur Leitung von dessen Verhandlungen nach Art III. §. 3 zu treffen hat, wirken diese temporairen Verabredungen auch auf die Verpflichtung die Verfassung zu gewähren zurück. Die Verpflichtung selbst wird nicht aufgehoben, aber das Organ fällt im Fall der Nicht-Erneuerung weg, durch welches der Reichstag berufen und seine Verhandlungen geleitet werden sollen.

fassung steht ein anderes dringendes Bedürfniß gegenüber. Es läßt sich nämlich nicht leugnen, daß manche Bestimmungen derselben die Spuren ihrer im Drang der Zeit nothwendig flüchtigen Zusammenstellung tragen. Einzelne Befugnisse der Reichsgewalt, z. B. diejenigen, welche sich auf Gesetzgebung und Oberaufsicht über Flüsse, Wasseranstalten, Flußzölle, Landstraßen u. s. w. beziehen, haben schon jetzt zum Theil gewichtige Anfechtungen erfahren und ihre nochmalige Prüfung und Berathung würden namentlich wenn sie auf Grund schon gemachter Erfahrungen erfolgen, gewiß zweckmäßig sein. Ganz besonders einer Revision bedürftig erscheinen die Grundrechte. Eine billige Rücksicht ist namentlich auf die neuerlichst revidirten Grundrechte der Preußischen Verfassung zu nehmen. Die mühsame und reiflich erwogene Arbeit der letzten Preußischen Kammern hat Anspruch darauf, keine völlig vergebliche zu sein. Im Allgemeinen ist ferner nicht zu verkennen, daß die Feststellung der Grundrechte derjenige Theil der constituirenden Thätigkeit des Jahres 1848 war, bei welcher die in stürmischen Zeiten so schwer zu bewahrende Ruhe und Sammlung der Gesetzgeber am leichtesten momentan verdunkelt und irre gemacht wurde. Man begnügte sich nicht damit, die hauptsächlichen Freiheitsrechte gegen Beeinträchtigung sicher zu stellen, sondern man unternahm es, aus den verschiedensten Gebieten der Gesetzgebung, bei denen noch dazu ganz besonders nur die Totalität des Systems, der enge Zusammenhang aller Grundsätze ins Auge zu fassen ist, um eine einzelne Bestimmung richtig zu treffen, zusammenhangslos einzelne isolirte Sätze herauszureißen und hinzustellen. Man ging auch bei dieser vereinzelten Hinstellung nur nach der zum Theil zufälligen Rücksicht da radikal abhelfen zu wollen, wo in den letzten Jahren ein unpopulärer Uebelstand sich bemerklich gemacht hatte, zu Werke und verfuhr dabei häufig nicht mit der Umsicht, die alle Seiten der Frage gleichmäßig ins Auge faßt, sondern, um ein Dahlmann'sches Gleichniß zu brauchen, wie ein ungeübter Fechter, der immer nur nach der Seite hin parirt, von welcher er den letzten Stoß erhalten hat. Wir haben nicht das Recht, aus alle dem den Verfassungsgebern des Jahres 1848 einen ernsten Vorwurf zu machen. Die Aufgabe, welche sie zu lösen hatten, war noch keiner Nation so schwer gestellt worden und noch ist kein solches Werk so vollkommen zu Stande gekommen, daß die spätere Prüfung der Denker es nicht zu läutern und zu verbessern vermocht hätte.

3.

Halten wir somit den Vorbehalt einer Revision der Verfassung vom 28. Mai für nothwendig, so ist es doch eine andere Frage, wann dieselbe erfolgen soll. Der jetzige Zeitpunkt scheint uns dazu der am wenigsten geeignete. Der deutsche Bundesstaat ist bis jetzt nur als Kern vorhanden. Die Revision soll ein Resultat, soll der Endpunkt seines Entwickelungs-Prozesses sein und nicht störend mitten in denselben fallen. Man verspare sie auf eine Zeit, wo nicht wie jetzt alle Anschauung des Verfassungsmechanismus noch fehlt und durch die Unfertigkeit der Verhältnisse, auf welche dieser Mechanismus angewendet werden soll, erschwert wird; auf eine Zeit, wo die zu revidirende Verfassung in ihrer Totalität, oder doch in ihren wesentlichsten Bestimmungen, etwas praktisches, gegenwärtig zu verwirklichendes, nicht bloß ein zu erreichendes Ziel, gleichsam ein prophetischer Schatten ist, den die Zukunft in die Gegenwart wirft.

Es empfiehlt sich, daß von der regelmäßigen in der Verfassung vorgeschriebenen Form für Verfassungsveränderungen bei dieser Revision in so weit abgewichen werde, daß für Beschlüsse beider Häuser die einfache absolute Majorität der Beschlußfähigen Anzahl hinreiche. Diese Bestimmung wird, da sie selbst eine Verfassungsveränderung ist, vor Beginn der Total-Revision nach allen für solche Veränderungen regelmäßig vorgeschriebenen Formen zu treffen sein. Wir schlagen natürlich nicht den sonst bei Revisionen gebräuchlichen Weg der gewöhnlichen Gesetzgebung vor, weil für diese das bei constituirenden Schritten unumgängliche Veto des Reichsvorstandes gegenüber der Majorität des Fürsten-Kollegiums wegfallen würde.

Man wird gegen die Verschiebung der Revision einwenden, daß auf diese Weise alle von uns selbst gerügten Uebelstände der Verfassung vom 28. Mai sofort und auf unbestimmte Zeit verwirklicht werden würden. Man wird ferner auf die Nachtheile hinweisen, welche durch eine wenn auch nur vorübergehende Einführung von Grundrechtsbestimmungen eintreten würden, deren spätere Beseitigung man selbst anstrebt. Dieser Einwand ist in der That ein begründeter und es bedarf der Einschlagung eines besonderen Weges, um die Nachtheile abzuwenden, auf welche er aufmerksam macht. Die nachfolgenden Betrachtungen werden in dieser Beziehung uns auf hoffentlich entsprechende Vorschläge führen.

4.

Es liegt auf der Hand, daß die vollständige Einführung der Verfassung vom 28. Mai so lange suspendirt bleiben muß, bis alle Staaten rechtlich und faktisch zu dem Bundesstaat getreten sind, auf deren Beitritt die Verfassung berechnet ist. Indeß ist je nach dem Umfang der jeweilig beigetretenen Staaten der Verfassungsorganismus, so weit es möglich ist, ins Leben zu führen.

Zu dieser möglichst ausgedehnten Durchführung beizutragen, darin besteht wesentlich die durch den Vertrag vom 26. Mai von den verbündeten Staaten übernommene Verpflichtung. Die jeweiligen Reichs-, oder wenn man sie lieber so nennen will, Bundesgewalten — werden zu entscheiden haben, wie weit diese Möglichkeit geht. Darin, also in Bezug auf das Provisorium und auf Uebergangsbestimmungen haben sie freie Hand. Nur in Bezug auf das spätere Definitivum sind sie Hannover und Sachsen gegenüber gebunden. Am zweckmäßigsten unter den von uns für die

Verfassungsrevision vorgeschlagenen Formen, also durch Einwilligung des Reichsvorstandes, der Majorität des organisirten Fürsten-Kollegiums und der beiden Häuser des Reichstags mit absoluter Majorität der beschlußfähigen Anzahl ihrer Mitglieder wird also sofort zu bestimmen sein, welche Anordnungen der Verfassung jetzt noch gar nicht, oder nur mit Modifikationen in Kraft treten sollen. Dieselben Gewalten werden bei jeder Vergrößerung des Bundesstaates festsetzen, welche bisher noch ruhenden Verfassungsbestimmungen auszuführen sind.

Scheinbar gehören nun die deutschen Grundrechte unter diejenigen Verfassungs-Bestimmungen, deren sofortige Durchführung sofort möglich wäre. Wir haben aber die Bedenken schon angedeutet, welche gegen diese Möglichkeit sprechen. Es wird daher zu bestimmen sein, daß diese Grundrechte so lange weder den nach der Preußischen Verfassung festgestellten, noch den in den übrigen verbündeten deutschen Staaten geltenden Grundrechten präjudiciren sollen, bis die totale oder doch wenigstens die auf diesen Theil derselben sich erstreckende Revision der Verfassung vom 28. Mai von den Bundesgewalten beschlossen und beendet ist. Diese Festsetzung, welche nicht als eine Modifikation der Verfassung, sondern nur als eine Uebergangs-Bestimmung zu betrachten ist, hat für die jetzt dem Bunde beigetretenen und treugebliebenen Staaten gar kein Bedenken, weil sie alle sich schon des Besitzes ausgedehnter Grundrechte erfreuen. Die Preußische Verfassung hat die ihrigen. Eine wesentliche Abweichung von den reiflich und mühsam berathenen Bestimmungen derselben würde, wie jeder Kenner der gegenwärtigen Verhältnisse zugeben wird, unter der Mehrzahl der politischen Kreise, welche überhaupt jetzt in den Preußischen Kammern und in dem Preußischen Gouvernement repräsentirt sind und auch in Erfurt diesen Staat vertreten werden, dem ganzen deutschen Einigungswerk neue, schwer zu beseitigende Schwierigkeiten bereiten. Die Aussicht auf solche Abweichungen ist ferner geeignet, die Vollendung und Befestigung des constitutionellen Zustandes in Preußen zu erschweren, welche auch für das nicht preußische Deutschland von leicht zu ermessender Wichtigkeit sind. Je mehr das ganze Land sich nach dieser Befestigung seiner Zustände sehnt, um so empfindlicher wird es sein, wenn nach der hoffentlich nicht mehr fernen Beendigung seiner jetzigen Verfassungskrisis ein so wichtiger Theil dieser Verfassung wieder in Frage gestellt werden sollte.

In den übrigen deutschen Staaten, mit Ausnahme Hannovers und Baierns, sind zur Zeit die Grundrechte der Frankfurter Verfassung in Kraft. Es wird in diesen Staaten nur freudig aufgenommen werden, wenn man ihnen dieselben als einzige Aufstellung ungeschmälert beläßt; denn noch hängt die Bevölkerung derselben in ihrer Mehrheit mit großer Wärme daran. Man überlasse es den Erfahrungen dieser Bevölkerungen und dem Entwickelungsprozeß der öffentlichen Meinung und der Landesgesetzgebungen in diesen Staaten, ob jene warme Anhänglichkeit sich befestigen, oder in Bezug auf einzelne dieser Grundrechte, deren Zweckmäßigkeit sehr zweifelhaft ist, schwinden wird. Jedenfalls wird die uns vorgeschlagene Suspension bis nach erfolgter Revision unter diesen Bevölkerungen nicht bloß die guten Gründe des Verstandes, sondern auch die Popularität für sich haben. Die Grundrechte der Verfassung vom 28. Mai, da sie ihrer Natur nach nur das Minimum der zu gewährenden Freiheitsrechte enthalten, würden ja, auch wenn sie sofort in Kraft träten, die Gewährung weiter gehender Rechte in den Einzelstaaten nicht ausschließen können. In wenigen Jahren werden übrigens einige dieser Grundrechte so eingebürgert sein, daß man sie schon als sich von selbst verstehend, ihre feierliche Aufstellung nicht mehr als nothwendig betrachten wird; andere wird man aus den allgemeinen Verfassungsbestimmungen in die besonderen Gebiete der Gesetzgebung verwiesen haben, in welche sie gehören. Kurz, die Grundrechte werden zwar nicht, wie die Französischen Menschenrechte, in den späteren Verfassungen gänzlich verschwinden, aber doch eine veränderte Gestalt, einen geringeren Umfang gewinnen.

Doch wir sind weit entfernt, unter allen Umständen eine jahrelange Suspension dieses Theils der Verfassung vorzuschlagen. Erfolgt der Beitritt der bis jetzt dem Bunde fremden deutschen Staaten nicht in Kurzem, so wird gegen Ende des Jahres 1850 oder im Jahr 1851 es Zeit genug sein, die Revision der Grundrechte zu beschließen.

Will man aber die vorgeschlagene Suspension überhaupt nicht, so würde allerdings sofort zur Revision dieses Theils der Verfassung zu schreiten sein. Die Revision nach erfolgter Annahme der Verfassung im Ganzen böte zwar immer noch weniger Schwierigkeit, als die Veränderung vor der wirklichen Annahme im Block; denn zu dieser würde die einstimmige Genehmigung sämmtlicher bis jetzt verbündeter Staaten, also auch Sachsens und Hannovers, erforderlich sein. Gleichwohl wäre es niederschlagend und für das ganze Werk unendlich lähmend, wenn mit deutscher Gründlichkeit jetzt in Erfurt wieder eine schwerfällige Berathung der Grundrechte begonnen würde. Die Zeit drängt zur raschen Einführung einer verfassungsmäßigen Organisation. Viele und schwierige praktische Bestimmungen sind zu treffen — und statt dessen sollte uns wieder die endlose Langeweile abstrakter und theoretischer Disputationen geboten werden? Hätten wir so wenig gelernt aus den Erfahrungen dieser Jahre? Hätten wir vergessen, daß die Frankfurter Versammlung ihre noch ungeschwächte, edle Kraft an der Berathung der Grundrechte verblutet hat?

5.

Es fragt sich nun, welche Paragraphen der Verfassung gegenwärtig, wo voraussichtlich zunächst nur die dermaligen Mitglieder des Bündnisses vom 26. Mai mit Ausnahme Sachsens und Hannovers den Bundesstaat bilden werden, außer Kraft treten sollen.

Nach §. 33 bis 38 der Verfassung soll das deutsche Reich

ein Zoll- und Handelsgebiet bilden, und die Reichsgewalt hat die Gesetzgebung über das gesammte Zollwesen, über Productions- und Verbrauchssteuern, über Handel und Schifffahrt, so wie die Oberaufsicht über die Erhebung der Zölle und der eben erwähnten Steuern. Die vollständige Ausführung dieser Bestimmung ist natürlich so lange nicht möglich, als Hannover dem Bundesstaat nicht beigetreten ist. Den Hansestädten und Oldenburg wird eine Exception von jener Bestimmung, ein eigenes Zoll- und Handelssystem zuzugestehen sein. Dies schließt aber nicht aus, daß die Bundesregierung nicht auch wesentlich im Einklang mit den Einzelregierungen der erwähnten Staaten, soviel als möglich deren Handelsinteressen wahre und beschütze. Die genannten Einzelregierungen werden gern mit dem Handelsministerium des Bundes in Correspondenz treten. Leicht wird es sein, durch mannichfache Einrichtungen z. B. durch Anstellung eines besonders mit dieser Correspondenz beauftragten, womöglich aus einer der Hansestädte stammenden, und mit den dortigen Verhältnissen besonders vertrauten Beamten im Handelsministerium des Bundesstaats, den genauen Zusammenhang zwischen den beiden verschiedenen Handelssystemen angehörenden Staaten-Gruppen desselben zu unterhalten. Somit kann die provisorische Constituirung auch in dieser Beziehung allen Verbündeten von wesentlichem Nutzen sein.

Die betreffenden Staaten werden indeß natürlich die Verpflichtung zu übernehmen haben, während des Provisoriums sich nicht auf längere Zeit durch Abschließung von Verträgen zu binden, welche der Zukunft präjudiciren.

Die übrigen verbündeten Staaten außer Oldenburg und den Hansestädten sind schon jetzt zu einem Zoll- und Handelssystem, dem des Zollvereins, vereinigt. Um so entsprechender wird die Reichsgewalt ihre bezüglichen Interessen nach innen und außen vertreten können. Wir wollen die Frage hier nicht ausführlich behandeln, ob diese Staaten mit Ablauf der Zollvereinsverträge im Jahre 1853 (falls der Bundesstaat sich bis dahin noch nicht ergänzt hätte) ein abgeschlossenes Zollgebiet bilden sollen. Nach dem Gutachten Sachverständiger würde der bisherige deutsche Zollverein Sachsen ohne zu erhebliche Verluste, Baiern und Würtemberg sogar mit finanziellen Vortheilen für seine übrigen Mitglieder von sich ausschließen können. Keinenfalls aber würde es nach dem erwähnten Zeitpunkt bei der bisherigen Organisation des Zollvereins sein Bewenden haben können. Der Bundesstaat wird seine Maßregeln auf dem Zoll- und Handelsgebiet nicht an die einstimmige Zustimmung der betheiligten Einzelstaaten und am wenigsten an die jedesmalige Genehmigung solcher deutschen Staaten die ihm nicht angehören, binden, und sich auf keine Organisation einlassen dürfen, bei welcher seiner Regierung und Gesetzgebung nicht die freie und selbständige Regelung der einschlagenden Interessen und Maßnahmen zusteht. Das Handelsministerium des Bundesstaats wird also jedenfalls auch bei dem gegenwärtigen Umfang des Bundesgebiets ein reiches Feld der Wirksamkeit vorfinden.

Nach dem Resultat der vorstehenden Erwägungen ist auch die Frage zu beantworten, ob und in wie weit die auf die völkerrechtliche Vertretung des Bundes bezüglichen Paragraphen 6 und 7 der Verfassung ausgeführt werden können. Man wird den Hansestädten und Oldenburg das Recht zusprechen müssen, eigne Konsuln zu halten. Denn wo ein eigenes Zoll- und Handelssystem, eine eigene Gesetzgebung und Regierung für dies Gebiet besteht, von da müssen auch die Instruktionen an die betreffenden auswärtigen Vertreter dieser Interessen ausgehn. Je empfindlicher diese Interessen namentlich in den Hansestädten sind, um so wichtiger ist es für die fraglichen Staaten, daß diejenigen Organe nicht gelähmt sind und freie Hand haben, welchen die Wahrung und Leitung dieser Angelegenheiten nun einmal noch obliegt. Dies schließt aber nicht aus, daß die Bundesgewalt mit dem größeren Gewicht ihrer Macht die speciellen Handelsinteressen der erwähnten Staaten noch außerdem da fördere und schütze, wo dies nothwendig und nützlich sein wird.

In Bezug auf größere und allgemeine Politik, abgesehen von den ausschließlichen Handelsinteressen, wird natürlich auch für die eben erwähnten Staaten eine Gemeinsamkeit mit den übrigen Mitgliedern des Bundesstaats, also dieselbe Leitung durch das Bundes-Ministerium des Auswärtigen und dieselbe Vertretung durch die Gesandten des Bundesstaats nicht blos als möglich, sondern auch als höchst nützlich sich erweisen. Für die übrigen zum Bundesstaat vereinigten Staaten außer den Hansestädten und Oldenburg werden natürlich auch die gemeinsamen Konsuln nur von der Reichs- oder Bundesgewalt zu ernennen sein. Die Paragraphen 6. und 7. sind somit schon während des nächsten Provisoriums des Bundesstaats mit der einzigen auf die Konsulate der genannten vier Staaten bezüglichen Modification vollkommen ausführbar.

Auch diese Modification wird faktisch in vielen Fällen nicht hervortreten, da die betreffenden vier Regierungen häufig kein Bedenken tragen werden, die Konsuln des Bundesstaats gleichfalls zu beauftragen und zu instruiren.

Diese Gemeinsamkeit der Vertretung des Bundesstaats nach Außen durch die Bundesgewalt wird aber praktisch bleiben, mag nun die Organisation des weiteren Bundes ausfallen wie sie will. Eine solche Organisation, welche die Selbständigkeit des Bundesstaats nach Außen in Bezug auf die wesentlichen Momente derselben beschränkt, oder aufhebt, wird nicht zugelassen werden, oder wenn dies doch geschehen sollte, so unwirksam bleiben, als der frühere Bundestag den Großmächten Oesterreich und Preußen gegenüber in dieser Beziehung war. Preußen wird sein Recht zu Krieg und Frieden bei den Verhandlungen über jegliche Gestaltung des weiteren (Staaten-) Bundes zu wahren wissen und mit in den Organismus des (engern) Bundesstaats hinübernehmen.

Die übrigen Bestimmungen der Verfassung in Bezug auf den Wirkungskreis der Reichsgewalt werden ohne Ausnahme sofort praktisch sein können. Die Befugnisse der Reichsgewalt hinsichtlich der Verfügung über die bewaffnete Macht (§. 11), des ganzen Heerwesens (§. 11 — 17), der Anlegung oder Erwerbung von Reichsfestungen und Küstenvertheidigungswerken (§. 18), oder Schifffahrtsanstalten am Meere oder in den Mündungen der Flüsse (§.20—23), des Schifffahrtsbetriebes und der Flößerei auf gemeinsamen Flüssen, Kanälen und Seen, überhaupt hinsichtlich der Wasserstraßen und Flußmündungen (§. 24 – 27 und 32), der Eisenbahnen (§.28—30), der Landstraßen (§.31.32.), der Erfindungspatente (§. 40), des Postwesens (§. 41 42), der Telegraphen (§. 43), des Münzwesens (§. 44.), des Maaßes und Gewichts (§. 45), des Bankwesens und Papiergelds (§. 46), des Reichsfinanzwesens (§. 47 — 49.), der Reichsgerichtsbarkeit (§.50), der Wahrung verfassungsmäßiger Rechte und des Reichsfriedens (§. 51 — 54) u. s. w. können sofort in Kraft treten. Wir unterlassen es, die Bedenken hier auszuführen, welche wir gegen die Modalität oder Ausdehnung einzelner dieser Befugnisse haben. Wir wünschen wenigstens den Versuch damit gemacht zu sehen. Bei einer so ganz neuen Organisation wird sich natürlich Manches als unausführbar, oder doch unpraktisch darstellen, was man vorher für zweckmäßig hielt. Auf der andern Seite wird wieder manches anfangs nicht vorausgesehene Bedürfniß hervortreten. Die Berücksichtigung der Erfahrungen, welche in dieser Beziehung während des Provisoriums nicht ausbleiben können, wird die nothwendige und schätzenswerthe Basis der späteren Revision werden.

Wo in Bezug auf die Ausübung dieser Befugnisse schon vor der Totalrevision gesetzliche Bestimmungen nöthig werden, überlasse man es der Reichsregierung, den Reichstagen Vorlagen darüber zu machen.

Die Einrichtung einer eignen Marine, am besten im Anschluß an die preußische Marine in der Ostsee, wird ebenfalls sofort Sache des Bundesstaats sein müssen. Fraglich ist es, ob und wie bald die Erwerbung der bisher von der deutschen Centralgewalt gemachten Anfänge einer deutschen Flotte für den engern Bund wird geschehen können. Derselbe wird dahin zu streben haben, daß die Waffe einer Seemacht möglichst nur in seinen Händen und in seiner unbeschränkten Disposition stehe.

Die in den Paragraphen 53—63 der Verfassung normirte Reichsgesetzgebung, vielleicht zuerst die Berathung eines gemeinsamen Handels- und eines Strafgesetzbuchs, wird die nächsten Reichstage angemessen beschäftigen.

Am meisten in die Augen springen werden die Vortheile der Einigung sofort für das Militairwesen. In den Truppen der kleineren deutschen Staaten finden sich treffliche Elemente und die bedauerlichen Vorgänge in einem derselben sind exceptionell und ohne Nachfolge in den übrigen geblieben. Mit Zugrundelegung der bewährten Preußischen Einrichtungen wird sich die Wehrkraft des Bundesstaats durch eine zweckmäßige Organisation und kräftige Oberleitung bedeutend steigern lassen und eine ansehnliche bewaffnete Macht bilden.

6.

Wir wünschen nun, daß der erste Erfurter Reichstag, nachdem er die Verfassung im Ganzen angenommen, eine Revision vorbehalten, bis zu der Beendigung derselben die Derogirung der Verfassungen der Einzelstaaten durch die deutschen Grundrechte aufgeschoben hat, in Bezug auf den 2. Abschnitt der Verfassung, welcher von den Befugnissen der Reichsgewalt handelt, die von uns so eben erörterten Modifikationen sofort beschließe, überhaupt aber seine Prüfung nur mit Rücksicht auf die durch den jeweiligen Umfang des Bundesgebiets nothwendigen provisorischen Bestimmungen anstelle, während die Prüfung der allgemeinen Zweckmäßigkeit so wie der Fassung aller Einzelheiten in der Verfassung einer späteren Revision vorbehalten bleibt. Stehen die Modifikationen der Verfassung, welche durch das Provisorium nothwendig werden, in allgemeinen Umrissen fest, so scheint es uns an der Zeit, daß der Reichsvorstand sofort sein Ministerium ernenne und hierauf den Reichstag auf kurze Zeit vertage. Die neue Regierung möge sich hierauf installiren, die nöthigen Einrichtungen für ein Gouvernement treffen und nachdem die ersten organischen Gesetzentwürfe, Voranschläge des Budgets u. s. w. mit dem Fürstenkollegium vorbereitet sind, einen Reichstag zur Berathung und Beschließung derselben noch während des Jahres 1850 wieder einberufen.

Mittlerweile wird sich auch das Fürsten-Kollegium organisirt haben müssen. In dieser Beziehung sind zwei Schwierigkeiten zu lösen. Die eine besteht in der Bestimmung einer passenden Veränderung der in der Verfassung vorgezeichneten Kurien-Organisation, welche durch den vorläufigen Wegfall der 4 mittleren Königreiche nothwendig wird. Die zweite liegt in der Bestimmung, daß die Staaten, welche einen gemeinschaftlichen Bevollmächtigten zum Fürstenkollegium bestellen, sich über dessen Wahl zu verständigen haben, für den Fall der Nichtverständigung aber ein Reichsgesetz die Mitwirkung der Betheiligten bestimmen soll. Uns scheinen für die Lösung beider Fragen folgende Grundsätze, als Grundlage des vorbehaltenen und — da die Verständigung mit Sachsen sowohl, als Hannover schwerlich in so unmittelbarer Nähe liegt — wohl nicht zu umgehenden Reichsgesetzes die zweckmäßigsten zu sein:

Die 6 Stimmen des Fürstenkollegiums mögen bleiben, wie sie die Verfassung in §. 67. bestimmt. Dieß schließt aber nicht aus, daß man, wie auf der früheren Schweizer Tagsatzung, halbe Stimmen zulasse. Man thue dies durch folgende Organisation der 6 Kurien:

1ste Kurie: (Preußen 1 Stimme.)

2te Kurie: (Baiern 1 Stimme.)

3te Kurie: a. (Sachsen ½ Stimme.)

b. Sachsen-Weimar, Koburg-Gotha, Meiningen, Altenburg, die drei Anhaltischen, die beiden Schwarzburgischen und Reußischen Staaten zusammen ½ Stimme.

4te Kurie: a. (Hannover ½ Stimme.)

b. Braunschweig, die beiden Mecklenburgs, Oldenburg und die drei Hansestädte zusammen ½ Stimme.

5te Kurie: a. (Würtemberg ½ Stimme.)

b. Baden ½ Stimme, vorbehältlich der Regulirung einer etwaigen Stellung der beiden Hohenzollern in dieser Kurie.

6te Kurie ungetheilt: (Kurhessen, Hessen-Darmstadt, Waldeck, Schaumburg-Lippe, Lippe, Nassau und Frankfurt a. M. zusammen eine Stimme.)

So lange also Sachsen und Hannover von den Verbündeten des 26. Mai faktisch nicht mit in den Bundesstaat treten, auch Baiern und Würtemberg sich von demselben entfernt halten, würde dessen Fürstenkollegium aus sieben halben Stimmen bestehen, von denen Preußen zwei halbe führt.

Die nach §. 67. der Verfassung durch Reichsgesetz zu regelnde „Mitwirkung der Betheiligten" bei Führung der Stimmen scheint uns am besten folgendermaßen zu ordnen: Jeder Staat sei berechtigt einen Bevollmächtigten mit Sitz und Stimme ins Fürstenkollegium zu senden. Bei Abstimmungen werde das Votum der beiden halben Stimmen in der 3. und 4. Kurie, sowie der ganzen Stimme in der 6. Kurie durch besondere Abstimmungen innerhalb der Kurien zu ermitteln sein. Das Abstimmungsverhältniß der Mitglieder derselben ganzen oder halben Kurie normire sich nach der Zahl der Mitglieder, welche jeder Einzelstaat ins Staatenhaus schickt, vorbehältlich einer anderweiten besondern Einigung unter den Betheiligten, die durchgängig anzuempfehlen sein wird. In der Anordnung der Betheiligung jedes Einzelstaats am Staatenhaus giebt die Reichsverfassung die einzige Analogie für die Ausgleichung der beiden Rücksichten, einerseits der auf die quantitative Bedeutung der Staaten, andererseits der Rücksicht auf die Individualität derselben. So würden zum Beispiel in der 6ten Kurie die beiden Hessen jedes 7, Nassau 4, die übrigen Staaten jeder 1 Stimme haben.

Gegen diese Vorschläge wird sich manches vom Standpunkt der Zweckmäßigkeit aus einwenden lassen. Sie haben aber vor anderen zwei Vorzüge. Einmal nämlich involviren sie keine auf diesem Gebiet besonders schwer durchzusetzende Verfassungsveränderung und halten sich innerhalb der Gränzen, welche der Reichsgesetzgebung in §. 67. zugewiesen sind. Ferner verkennen dieselben nicht das heilsame Korrektiv, welches der Institution des Fürstenkollegiums durch eine selbständigere Stellung der kleineren Staaten gegeben wird. Diese Staaten haben vor allen andern die nationale Mission, zu Gunsten der Einigung Deutschlands zu wirken. Ihre Interessen ziehen sie dahin, und keine Erinnerung an wirkliche oder Scheingröße zieht sie davon ab. Sie haben hierin mit dem größten deutschen Staat, mit Preußen dieselbe Aufgabe, dasselbe Interesse. Ihnen entgegen stehen die vier mittleren Königreiche. Die Vertheilung der einzelnen Staaten in die Kurien ist nun anscheinend durch die Verfassung vom 28. Mai in unnatürlicher und unzweckmäßiger Weise so geschehn, daß in der 3., 4., und 5. Kurie die königliche Regierung, welche an ihrer Spitze steht, leicht die Abstimmung derselben beherrschen kann. Die Mehrheit im Fürstenkollegium ist daher, wenn nicht innerhalb des Spielraums, den die Verfassung läßt, eine passende Bestimmung getroffen wird, in den Händen der vier königlichen Regierungen, deren Freundlichkeit für ein starkes constitutionelles Regiment im Bundesstaat schwerlich zu vermuthen ist. Diese ungünstige Stellung beruht aber nicht auf der Natur der Sache und verletzt die guten Ansprüche Preußens und der kleineren Staaten. Man gebe den Königreichen ihr natürliches Gewicht, aber nicht mehr, als dies, auf Unkosten der andern Staaten und der Nation. Die von uns vorgeschlagene Einrichtung giebt Preußen und seinen natürlichen Bundesgenossen die Möglichkeit, in kritischen Fragen eine Mehrheit in dem Fürstenkollegium zu erlangen und macht auch mit diesem Organ, das so störend in die ganzen Verhältnisse zwischen dem Reichsvorstand, seinen Ministern und in die Verantwortlichkeit derselben gegenüber der Mehrheit des Reichstags, eingreift, eine parlamentarische Regierung möglich.

Wir erwähnen hier noch der häufig auf Beseitigung des ganzen Fürstenkollegiums gerichteten Wünsche, um vor der Geltendmachung derselben zu warnen. Dies Bestreben, doktrinair wie auf einer Tabula rasa ein Modell der einzig wahren Verfassung aufzubauen, verkennt, daß der Einheitsdrang sowohl, als der Partikularismus reale Mächte sind in unserem nationalen Leben. Es kommt darauf an beiden ihren Raum anzuweisen. Man erschwere nicht den Versuch einer Ausgleichung zwischen ihnen, als welcher die Idee des ganzen Fürstenkollegiums zu betrachten ist.

7.

Es fehlt nicht an ängstlichen Bedenken gegen die sofortige Bildung eines Bundesstaats aus den Staaten, welche bis jetzt faktisch allein bereit sind, demselben auf Grund der Verfassung vom 28. Mai beizutreten.

Eine der Bundesstaatsidee im Ganzen geneigte, aber übermäßig bedächtige Richtung, welche hin und wieder in der deutschen Presse geäußert wird, ist gegen die sofortige Herstellung einer Reichs-Regierung. Das Bündniß vom 26. Mai soll so lose fortbestehen, als jetzt, bis noch mehr Staaten angezogen worden und namentlich Hannover und Sachsen zum Eintritt in den Bundesstaat bereit sind. Bis dahin denkt man sich an der Spitze des Bündnisses keine Bundesregierung, sondern ein Kollegium von Bevollmächtigten, etwa den jetzigen Verwaltungsrath. Ein solches Kollegium von Gesandten, selbst wenn es aus ausgezeichneten Persönlichkeiten zusammengesetzt ist, wird aber nie der Aufgabe genügen können, welche jetzt zu lösen ist. Die Nothwendigkeit, Instruktionen einzuholen von Ministerien, die an verschiedenen Orten unter verschiedenen Einflüssen und ohne die Möglichkeit einer unmittelbaren Verständigung und Berathung unter einander residiren, lähmt jedes rasche und entsprechende Handeln. In höherem Grade wird dies noch der Fall sein, wenn die Einstimmigkeit aller Theilnehmer zur Erzielung eines Beschlusses nothwendig ist. So lange man die Einrichtungen, welche eine Englische Jury auf die Länge nöthigen, zu einem Beschluß zu kommen, auf ein Kollegium von solcher Organisation nicht übertragen kann, wird das Zustandekommen von Beschlüssen immer ein günstiges Geschick sein, auf welches mit Sicherheit, wo es noth thut, nicht zu rechnen ist. Beschränkt man sich jetzt auf ein solches Organ, so ist dies nichts anderes, als ein vorläufiges Abstehen von der Bildung eines Bundesstaats. Der Schwerpunkt der deutschen Politik wird dann naturgemäß mehr und mehr nach Frankfurt in die Bundeskommission fallen und die Aktien der Partei des erneuerten Staatenbundes werden steigen. Nirgends so wie hier, gilt der Satz: Wer nicht vorgeht, geht zurück. Ein längeres Zuwarten heißt, das Projekt des Bundesstaats versanden und verkümmern lassen.

Man weist häufig darauf hin, daß der Bundesstaat ohne die 4 mittleren Königreiche doch eine traurige Abschwächung des ursprünglich erstrebten Ziels, der Einigung Deutschlands sei. Eine solche Einheit sei der Opfer nicht werth, welche das selbständige Preußen sowohl, als die übrigen Staaten ihr bringen müßten. Wir können als Antwort darauf auf die Zukunft verweisen, auf das endliche Ziel, welches auf diesem Wege und nur auf diesem ohne Zweifel erreicht werden muß. Doch wir behaupten, daß auch abgesehen von den nationalen Hoffnungen, das durch die vorläufige Vereinigung der jetzt dazu geneigten Staaten für die Gegenwart gewonnene Resultat eine große und erfreuliche Erscheinung in der Deutschen wie in der Preußischen Geschichte ist. Die praktische Bedeutung des jetzigen Provisoriums besteht darin, daß die Preußische Wehrkraft um 120,000 Mann verstärkt wird, daß die kleineren Staaten unter einem ihnen günstigen Rechtsverhältniß in Bezug auf gemeinsame Interessen, Vertretung nach Außen, und überhaupt höhere Politik mit Preußen zu einer gemeinschaftlichen Großmacht verbunden werden. Diese neue Großmacht mit einer Bevölkerung von 22 Millionen ist wenn auch nicht die deutsche Macht, doch eine deutsche Macht, wie sie in unserer Geschichte bisher noch nicht dagestanden. Ihre durch die Vereinigung gesteigerte Wehrkraft, die Unterstützung der nationalen Sympathien und konstitutionellen Hoffnungen im übrigen Deutschland werden sie unendlich stark machen. Das Schwert in der einen, die nationalen Rechte, welche sie bietet, in der andern Hand, kann die neue Macht Preußens und seiner Verbündeten der Gegenwart stolz ins Auge sehn und wird die Zukunft gestalten.

Noch einige Bedenken haben wir zu beseitigen, welche angeblich im specifisch Preußischen Interesse gegen die Bildung des Bundesstaats in seinem gegenwärtigen Umfang von denen erhoben werden, die sich so oft das Ansehn geben, als ob in ihnen allein ein gut-preußisches Herz schlage. Halten wir schon die Ausstellungen, welche man von dieser Seite gegen die bundesstaatliche Vereinigung ganz Deutschlands außer Oesterreich unter Preußischer Führung vorbringt, für unbegründet, so sind uns vollends die Befürchtungen unerklärlich, die man vor dem jetzt fraglichen Staatenverband zu hegen behauptet. Bei diesem ist es doch wohl klar und über allen Zweifel erhaben, daß der Schwerpunkt jeglicher Entscheidung nicht bloß einfach, sondern doppelt und dreifach in Preußen fällt. Schlägt man in der That das moralische Gewicht so gering an, wie diese Herrn, welches der Großstaat Preußen in den Rath der Kleineren einsetzt, so verkenne man doch nicht, daß Preußen die ganze Regierung nach innen und außen und die weit überwiegende Majorität im Volkshause für sich hat, und daß abgesehen von diesem bei weitem überwiegenden Einfluß in den ohnehin gemeinsamen Angelegenheiten, in seinen eigenen speciellen Interessen die volle Selbständigkeit ihm gewahrt bleibt. „Ja, die reale Macht des Preußischen Staats wird zwar vergrößert, aber der Name wird gefährdet, denn das Ganze wird nicht Preußen heißen," so wurde uns häufig eingewendet. Also um des Namens willen soll eine Verstärkung der Macht durch das vortheilhafteste Bündniß zurückgewiesen werden! Wir brauchen nicht zu untersuchen, ob jemals in der Geschichte schon eine solche Entsagung aus Ideologie vorgekommen ist, denn wir halten selbst die Befürchtung wegen des Namens für völlig unbegründet. Der Name Preußens wird niemals verschwinden, am wenigsten durch eine solche Vereinigung. Jedermann in Deutschland wie im Ausland wird wissen, daß der neue Bund aus mehreren Staaten besteht und daß Preußen der erste unter ihnen, daß Preußen es ist, welches den Bundesstaat schuf, erhält und anführt. In dem gemeinsamen Heer wird die Preußische Armee als ein Ganzes dastehn. Die Preußischen Adler werden ihr nach wie vor vorangetragen und, bei Gott! die Feinde werden sie unter den übrigen siegreichen deutschen Feldzeichen heraus auch speciell erkennen lernen. Es wäre Muthlosigkeit das Gegentheil zu glauben. Die Größe Deutschlands und die Größe Preußens sind keine Gegensätze, sondern im Grunde derselbe Begriff. Es ist eine krankhafte, nur auf Verkennung und Irrthum beruhende Idee, geradezu eine Unmöglichkeit: Preußischer Patriot sein zu wollen, ohne zugleich und in höherem Maße deutschen Patriotismus zu empfinden.

„Wir können diese kleinen Staaten entbehren!" so hörten wir häufig sprechen. In der That kann das aber Preußen nicht. Ein Blick auf seine Grenzen zeigt, wie nahe und nothwendig die Berührung mit ihnen ist, welche faktische Gemeinsamkeit mit ihnen besteht. Mußte man doch bisher durch eine Unzahl mühsamer Einzelverträge diese gemeinsamen Interessen regeln. Als kürzlich in den Preußischen Kammern eine Erhöhung der Steuer auf Rübenzucker vorgeschlagen wurde, erwiederte der Finanzminister, daß die Regierung nicht allein die Disposition hierüber habe. An die einstimmige Genehmigung der Zollvereinsregierungen ist eine solche Maßregel gebunden und niemand wird verkennen, daß neben dem großartigsten Patriotismus auch das Interesse seiner ganzen Lage Preußen zur Bildung des Zollvereins bewogen hat.

„Preußen wird als solches und in seiner Getrenntheit in diesen Verhältnissen schon seinen Willen durchsetzen," so wird häufig auf vorstehende Erwägung geantwortet. Hat man aber so rasch vergessen, welche anderweitige Einflüsse so oft zum Nachtheile Preußens ihm in diesen Ländern entgegentraten? Doch auch abgesehen von den anderen Mächten, welche Preußen auf diesem Terrain so leicht zu begegnen wissen, ist auch daran zu erinnern, wie bei den immer wiederkehrenden Verträgen und Vereinbarungen mit diesen kleineren Staaten, die Schwierigkeiten häufig keineswegs unbedeutend waren. Sie wußten ihr eigenes Interesse zu wahren wie es ihr Recht und die Pflicht der Regierungen gegen ihre Länder war. Man denke nur als Beispiel an den Zollverein und so manche Widersprüche, die man da erfahren.

Und statt dieses mühsamen, häufig nicht zum Ziele führenden Weges der Vereinbarungen zu Regelung gemeinsamer Interessen wird jetzt eine Organisation geboten, welche von einem höheren Gesichtspunkt aus diese Schwierigkeiten schlichtet und unendlich erleichtert. Auf Preußen wird die wesentliche Leitung dieser gemeinsamen Angelegenheiten übertragen, allerdings unter Einhaltung eines Rechtsverhältnisses und einer angemessenen Betheiligung wie die übrigen Staaten sie verlangen können und unter der vertrauensvoll auferlegten Verpflichtung, daß der Reichsvorstand den Vortheil des Ganzen, die berechtigten Interessen aller mit Gerechtigkeit und Ehrenhaftigkeit wahrt. Das Vertrauen, daß in diesem Sinnne die Regierung geführt werde, konnte in keine Hände besser und mit sicherer Zuversicht gelegt werden, als in die der Könige von Preußen.

Man werfe einen Blick auf Preußens Europäische Stellung. Niemand wird verkennen, daß sie eine schwierige ist, sobald Preußen aus einer Passivität, die dem Stolze der Nation nicht entspricht, heraustreten und einflußreich und gestaltend auftreten will. Man wiege sich in diesen Beziehungen nicht in Erinnerungen an die Zustände des vorigen Jahrhunderts ein, wo Preußen fast allein den Vortheil einer verhältnißmäßig großen, in Bezug auf die neueren Fortschritte des Militairwesens den übrigen außerordentlich überlegenen stehenden Armee hatte, sondern man betrachte ruhig und ohne Selbstüberhebung die jetzige Lage der Dinge. Preußen ist eine Großmacht, aber eine nur mit großer Gespanntheit ihrer Kräfte auftretende, leicht zu erschöpfende, unter den Großen die kleinste. Seine Finanzen sind musterhaft, aber gute Ordnung des Haushalts ist noch nicht identisch mit Reichthum an Hülfsquellen. Waren es blos vorübergehende Fehler in seiner politischen Leitung, oder war es nicht vielmehr die Nothwendigkeit seiner ganzen Lage und Stellung, die es vor 1805 lavirend zwischen Rußland und Frankreich, zwischen Alexander und Bonaparte umherschwanken, die es 1806 in seiner Isolirtheit fallen ließ, die es nöthigte, 1815 in den Wiener Verträgen in eine so ungünstige Anordnung seiner Gränzen und dadurch seiner ganzen Stellung einzuwilligen, die es endlich von 1815 — 1840 an die Russisch-Oesterreichische Politik einflußlos kettete?

Der größte König und Staatsmann Preußens hielt die Gründung des Fürstenbundes für nothwendig, um seinen Einfluß zu verstärken. Handeln wir in seinem Geist und in seinen Prinzipien, welche Preußen groß und herrlich machten! Die Geschichte weiß, welche lange und mühsame Unterhandlung zu jener vorübergehenden Vereinbarung des Fürstenbundes nothwendig war. Heute bietet sich statt dessen ein dauernder, leicht zu handhabender Organismus einer solchen Verbindung dar, und es sollte nicht in Preußischem Interesse liegen, darauf einzugehn! Es giebt nur einen Weg für Preußen zu einer großen, selbständigen und einflußreichen Politik in Europa, nämlich den, daß es sich in dauernder Verbindung mit so vielen andern deutschen Staaten als möglich, (mit allen, mit vielen, oder mit wenigen!) an Deutschlands Spitze stelle. Nicht bloß deutscher Patriotismus, sondern auch der Preußische Stolz müssen daher Preußische Bürger mahnen, für diesen Weg zu stimmen. Jeder wird zugeben, daß bei einer solchen Vereinigung Preußen das Meiste und Größte von allen Theilnehmern leistet, aber Niemand mag verkennen, daß es damit auch in seinem eigenen wohlverstandenen und dringenden Interesse handelt, und von der ganzen Verbindung ebensowohl großen Vortheil hat, als die übrigen sich mit ihm verbindenden deutschen Staaten.

„Diese kleinen Staaten sind so demokratisch unterwühlt, daß eine Verbindung mit ihnen nur nachtheilig sein kann. Lange werden sie sich doch nicht halten können und dann werden sie uns auf dem Wege wirklicher Mediatisirung als Gebietstheile zufallen," so hört man mannichfach reden. Eine große Oberflächlichkeit liegt solchen Aeußerungen zu Grunde. Was zuvörderst die inneren Zustände dieser Staaten (mit Ausnahme Badens) anlangt, so sind dieselben nicht unterwühlter gewesen, als die mancher preußischen Provinzen und Distrikte. Man würde aber ungerecht handeln, wenn man einzelne demokratische Institutionen von Preußen aus ihnen vorwerfen wollte, denn großentheils haben sie dieselben mit dem Vorgange Preußens zu verdanken. Wie wäre es z. B. kleineren Regierungen möglich gewesen, das allgemeine Stimmrecht zu verweigern, nachdem Preußen für die Wahl seiner Nationalversammlung es eingeführt hatte und es am 5. December noch dazu von Neuem oktroyirte. Preußen hat Mittel gefunden, sich aus solchen Zuständen zu retten, Mittel, die durch ihre Nothwendigkeit gerechtfertigt waren. Diese Mittel sind aber auf andere Staaten nicht anwendbar, denn diese haben nicht noch unvollendete, im Entwicklungsprozesse begriffene, sondern in anerkannter Wirksamkeit bestehende und beschworene Verfassungen. Man wird auch ohne rettende Thaten daselbst zum Ziele gelangen. Schon ist, wie wir hören, fast in den meisten dieser Staaten an die Stelle früherer vorübergehender Aufregung eine konservativere Stimmung getreten. In den meisten kleineren Landtagen sollen jetzt konservative Majoritäten für die Regierungen trotz des allgemeinen Stimmrechts vorhanden sein. Wenn man nicht störend in diesen Entwicklungsprozeß eingreift, wenn ein schützendes Dach über das Ganze die ruhige Gestaltung in den einzelnen Ländern begünstigt, wenn ein gemeinschaftlicher Centralpunkt des deutschen politischen Lebens den Bewohnern dieser Länder Nahrung giebt für das höhere politische und nationale Interesse, wenn namentlich das Gefühl, einem großen Ganzen anzugehören und, als beste Förderung politischer Reife und Tugend, die Beschäftigung mit einer Politik nach Außen ihre sittliche Macht erst erprobt haben, so werden aus diesen Ländern gesunde Organismen, tüchtige Mitglieder des ganzen Bundes werden. Preußen hat ein wesentliches Interesse dazu beizutragen, daß dem bald so werde. Denn jede Bewegung in diesen Ländern theilt sich den seinigen mehr oder weniger mit; vergebens wird es sich gegen solche Rückwirkungen abschließen. Derselbe Blutumlauf geht durch die Glieder desselben Körpers und ein gesicherter Zustand in Preußen hängt wesentlich mit von der Gedeihlichkeit der Zustände in den übrigen deutschen Staaten ab.

Was aber das gänzliche Aufgeben der Souverainetät von Seiten einzelner Monarchen dieser Länder betrifft, so hüte man sich in Preußen, dieselbe zu begünstigen, wenn man sich nicht seine Position verderben will. Nach den bestehenden Erbrechten und Verträgen würde in fast allen Fällen nicht Preußen, sondern ein anderer Staat davon Vortheil ziehen. Welcher Gewinn würde es für Preußen denn sein, wenn statt der Bundesgenossen in Thüringen, ein verlängertes Sachsen sich zwischen seine Provinzen drängte? Solch eine Eventualität würde auch im Rath der deutschen Fürsten — mag derselbe organisirt sein, oder nicht — Preußen seiner natürlichen Bundesgenossen, der Stimmen der kleineren Staaten, berauben und statt dessen die ihm meist entgegenstehenden Mittelstaaten in ihrem Einfluß verstärken. Kurz, Preußen hat durchgängig ein großes Interesse daran, daß die Stellung der kleineren Fürsten eine möglichst haltbare bleibe. Außerdem bedarf es kaum der Ausführung, daß das Interesse der Macht Deutschlands und Preußens nur eine Vereinigung in Bezug auf Politik nach Außen, Wehrkraft und die wirklich allen gemeinsamen Angelegenheiten, nicht aber auch eine Vereinigung der inneren Verwaltung erheischt.

Wir haben in dem Vorigen Bedenken zu widerlegen gesucht, die wir vom sogenannten specifisch Preußischen Standpunkt aus nur zu häufig hören mußten. Wir können uns aber auch nicht enthalten, einen Einwand zu beleuchten, der kürzlich von einer nichtpreußischen, norddeutschen Stimme in der Weserzeitung erhoben wurde. Wenn, so hieß es, der Bundesstaat ohne die vier mittleren Königreiche gebildet werden soll, so wird die Preußische Majorität und Präponderanz so groß sein, daß durch eine veränderte Organisation der höchsten Gewalten den kleineren Staaten Garantien gegen eine völlige Nullificirung gegeben werden müssen. Diese Stimme, die wir nur beispielsweise herausgreifen, wird wohl jedenfalls eine vereinzelte bleiben; denn es liegt zu sehr auf der Hand, daß sie eine Verrückung des natürlichen Schwerpunkts, etwas gegen alle thatsächlichen Verhältnisse anstoßendes verlangt. Man gebe ein für allemal den Glauben auf, daß man etwas machen könne, was nicht in der Natur der Dinge begründet und vorhanden ist. Die Furcht vor der Preußischen Beherrschung beruht aber auf zwei falschen Voraussetzungen, einmal auf der, daß das concentrirte Deutschland, welches sich nach dem alten Herzogthum Preußen benennt, durchgängig dieselben Interessen und zwar denen des übrigen nicht-concentrirten Deutschlands schroff entgegengesetzte habe, ferner auf der andern, daß wiederum die Interessen des nichtpreußischen Deutschlands immer ganz dieselben seien. So wird z. B. das specielle Interesse Bremens keineswegs dadurch verstärkt, daß Baiern und Sachsen mit im Bundesstaat vertreten sind. Die Interessen dieser Länder sind vielmehr den seinigen fremder, als z. B. die mancher nördlichen Provinzen Preußens. Die Basis der Einigung Preußens und des übrigen Deutschlands beruht überhaupt darauf, daß die Interessen beider thatsächlich im wesentlichen dieselben sind. Ohne dies thatsächlich vorhandene Verhältniß würde die ganze Einheits-Idee eine bloß ideelle, unpraktische sein. In dieser, wie in jeder andern Einheit tritt nun zwar auch naturgemäß eine gewisse Mannigfaltigkeit hervor. Dieselbe wiederholt sich aber in Preußen fast in demselben Maaße und mit denselben Abstufungen, wie im übrigen Deutschland. Bremen allein hat eben so wenig Preußen und den kleineren Staaten gegenüber die Majorität, als wie es sie im ganzen vereinigten Deutschland haben würde. Seine Stellung und Interessen sind aber in dem erstern Verbande nicht ungünstiger gestellt und eben so wenig gefährdet, als sie es im letztern sein würden. Man berücksichtige noch eins. Faktisch würden die kleineren Staaten doch Preußens Schutz bedürfen. Wenn sie nicht isolirt stehn, oder einem fremden Einfluß folgen wollen, würde ihre allgemeine Politik sich doch immer wesentlich nach der Preußischen richten müssen. Hier wird ihnen nun für dies faktische Verhältniß eine günstige Vertrags-Stellung geboten. Im Volks- und Staatenhaus wie im Fürsten-Kollegium sind sie wirksamer und mit mehr rechtlicher Befugniß vertreten, als sie es durch den bewährtesten Diplomaten in Berlin sein könnten. Eine Interpellation im Reichstag vor der Oeffentlichkeit schützt sie besser, natürlich aber nur so weit Recht und Billigkeit auf ihrer Seite ist, als eine Visite ihres Gesandten in dem Salon des Preußischen Ministers der auswärtigen Angelegenheiten. Man banne die Gespensterfurcht, die in einer gemeinsamen konstitutionellen Reichsregierung nur eine übervortheilende Preußische Beherrschung erblicken will.

8.

Es ist ein Satz des Privatrechts, daß eine Societät ihre Theilnehmer nicht mehr bindet und aufgelöst ist, wenn ein einziger dieser Theilnehmer rechtlich ausscheidet. Wäre daher der Austritt Sachsens und Hannovers nicht eine bloße Rechtsverletzung, so würden, falls dieser Austritt eintreten sollte, die übrigen Mitglieder des Bundes vom 26. Mai ebenfalls von ihrer Verpflichtung befrei sein. Zwei Umstände verändern indeß für Preußen hier den rechtlichen Gesichtspunkt: die 3 ersten Kontrahenten nämlich, welche den Vertrag der Nation zur Annahme vorlegten und dabei gleichzeitig erklärten: sie würden den Bundesstaat mit den Staaten bilden, welche die Reichsverfassung anerkennen würden, ohne ihn von der Zahl der Theilnehmer abhängig zu machen, sind durch dies acceptirte Anerbieten anders und weiter gebunden, als die übrigen später zutretenden Theilnehmer.

Ferner hat Preußen durch seine öffentliche und feierliche Erklärung: es werde den Bundesstaat bilden mit allen, mit vielen, oder mit wenigen, eine neue Verpflichtung in dieser Beziehung übernommen. Wir erwähnen diesen Rechtspunkt, nicht als ob wir glaubten, daß die Frage praktisch werden würde. Wir sind vielmehr fest überzeugt, daß die sofortige Bildung des Bundesstaats in seinem jetzt vorauszusehenden Umfang von allen Betheiligten aufrichtig gewünscht wird. In dem, was in Erfurt dargeboten und festgestellt werden wird, wird übrigens auch eine neue Vereinbarung und Verpflichtung in Bezug auf diesen Punkt enthalten sein.

9.

Es ist gut sich eine Anschauung davon zu bilden, in welcher Weise der projektirte Bundesstaat sich äußerlich gestalten, die Einrichtung seines Mechanismus und das Auftreten seiner Gewalten sich ausnehmen wird. Solche Anschauungen können zwar immer nur subjektive sein, rufen aber vielleicht andere hervor und dienen so dazu, das Ziel mehr und mehr zu vergegenwärtigen, auf welches man lossteuert. Wir denken uns den Sitz der Regierung des Bundesstaats in Berlin. Das Ministerium des Reichsvorstandes und das des Königs von Preußen bilden natürlich getrennte Kollegien, haben aber alle Veranlassung, im besten Einvernehmen zu stehen. In beiden hat der „gemeinschaftliche Minister des Auswärtigen" des Königreichs Preußen und der übrigen vereinigten Staaten Deutschlands*) Sitz und Stimme, in dem preußischen Ministerium natürlich nur, soweit es sich um specielle preußische Angelegenheiten handelt. Die Gesandten Preußens und seine Verbündeten werden die erstere Eigenschaft, als Preußische Gesandten, vorzugsweise geltend zu machen haben, so lange die schwierige Frage der Anerkennung des Bundesstaats durch die auswärtigen Mächte noch nicht befriedigend gelöst ist. Unter den Persönlichkeiten des Reichs-Ministeriums werden auch mehrere Nicht-Preußen sich befinden, obwohl in allen solchen Beziehungen ein gegenseitiges eifersüchtiges Nachrechnen hoffentlich nicht stattfinden wird. Man wähle daher auch überall, wo es zu Berührungen zwischen Behörden des Bundesstaats und Preußens, oder anderer einzelner Staaten kommt, Männer von freiem Blick, höherer Auffassung und ohne kleinliche Rücksichten. Der Reichstag werde abwechselnd in Berlin und einer andern deutschen Stadt, etwa in Frankfurt gehalten. So oft das letztere stattfindet, würde sich die Reichsregierung temporair dahin übersiedeln. Schwierigkeiten hätte dies bei den jetzigen Transportmitteln nur wenige. Zogen doch die deutschen Kaiser und ihre Räthe in einer ganz andern Zeit mit Roß und Reisigen zu den Reichstagen umher.

Die Wahl Berlins zum regelmäßigen Sitz der Reichsregierung ist unumgänglich, um das richtige konstitutionelle Verhältniß zwischen dem Reichsvorstand und seinen Ministern herzustellen. Der Zusammenhang der Berathung, die gegenseitige Verständigung über alle wichtigeren Fragen läßt sich nicht durch ein einziges aus dem Ministerium in die Umgebung des Reichsvorstandes deputirtes Mitglied vermitteln. Noch ein anderer Grund spricht für diese Wahl im deutschen Interesse. Berlin wird immer ein gewichtiger Schwerpunkt in Deutschland bleiben, schon weil es den

*) Der Name „Vereinigte Staaten Deutschlands" empfiehlt sich für den Bundesstaat in seinem vorläufigen Umfang, statt der Bezeichnung „Reich."

Schwerpunkt Preußens bildet. Die Stadt hat mehr, als jede andere in Deutschland, ihre eigene Lokalliteratur und Presse und ist darin eine wirkliche Metropole, daß in ihr selbständiger, als irgendwo anders, eine eigene öffentliche Meinung sich bildet. Diese Macht, welche unstreitig der großen Hauptstadt inwohnt, wendet sich nur zu leicht gegen das, was ihr fremd, von ihr nicht angeeignet ist. Im April und Mai des Jahres 1848 trat dieser Gegensatz besonders lebhaft hervor. Man verstand sich nicht in Berlin und in Frankfurt, und das war ein Unglück für Deutschland. Wäre eine engere Berührung zwischen beiden Schwerpunkten möglich gewesen, so wären an beiden Orten die Stimmungen minder schroff auseinander gegangen und die Frankfurter Kreise wären gemäßigter, die Berliner den Frankfurter Ideen befreundeter geworden. Es liegt daher sehr im Interesse der deutschen Einheit, daß der Dualismus des deutschen und des preußischen Centralpunkts aufgehoben werde. Durch eine lokale beständige Berührung würden die nicht-preußischen deutschen Elemente mehr Einwirkung haben auf die preußischen und umgekehrt. Die Persönlichkeiten, denen die Entscheidungen in beiden Sphären zustehen, würden sich näher treten und befreunden. Die Einheit würde gefördert durch die Einigung und an die Stelle der von beiden Seiten gefürchteten Beherrschung träte die Verständigung und freie Uebereinstimmung der verschiedenen Gewalten.

Man hat häufig auch Befürchtungen aussprechen hören, daß zwischen dem deutschen und dem preußischen Parlament ein unheilvoller Dualismus entstehen würde. Wir können diese Befürchtungen nicht theilen, da die Kompetenzen beider Versammlungen scharf geschieden und die hervorragendern Persönlichkeiten der preußischen Kammern zugleich Mitglieder des Reichstags und in demselben das beste Element der Vermittelung sein werden. Verschiedene Vorschläge, welche zur Ausgleichung dieses angeblichen Dualismus namentlich im Schooß des ersten Frankfurter Reichstags gemacht wurden, und meist den preußischen Konstitutionalismus wieder auf Provincialversammlungen reduciren wollten, verkannten, welche große Stärke Deutschland durch den festen Zusammenhang Preußens in sich erhält, und welche unabweisliche Ansprüche dieser herrliche Staat darauf hat, auch in seiner Volksvertretung jenen festen Zusammenhalt dargestellt zu sehn. Noch haben wir folgenden Vorschlag, der die verletzenden Uebelstände der eben erwähnten ausschließt, nicht vernommen: Statt der doppelten Wahlen zu beiden Parlamenten, durch welche eine Ueberzahl von Politikern gebraucht und alle mit der zu häufigen Wiederholung von Wahlen verbundene Uebelstände (namentlich Theilnahmlosigkeit der Wähler) herbeigeführt werden, lasse man in Preußen für die zweite Kammer und für das Volkshaus des Reichstags dieselben Wahlen gelten, so daß die preußischen Deputirten der 2ten Kammer dieselben Personen wären, welche als preußische Repraesentanten im Volkshaus den Reichstag zu beziehen hätten. Das Zahlenverhältniß würde sich dabei nach folgendem Maßstabe gestalten: Ließe man, so lange der Bundesstaat in dem jetzigen Umfang des Bündnisses vom 26. Mai ohne Sachsen und Hannover besteht, für die preußische Kammer sowohl, als für das Volkshaus des Reichstags einen Abgeordneten auf 50,000 Seelen wählen, so würde die preußische zweite Kammer 322 Mitglieder zählen und diese in dem 420 Mitglieder zählenden Volkshause ebenfalls tagen. Würde man dagegen in dem Bundesstaat, wenn er ganz Deutschland außer Oesterreich umfaßt, einen Abgeordneten auf 70000 Seelen rechnen, so würde das Volkshaus des Reichstags 430, die preußische zweite Kammer 230 Mitglieder haben. Zwischen dem Staatenhaus des Reichstags und der preußischen ersten Kammer wäre natürlich ein ähnlicher Zusammenhang nicht herzustellen.

Gegen diese Idee wird von der einen Seite eingewandt werden, daß sie die preußische zweite Kammer nur als einen Theil, nicht als ein selbständiges Ganze erscheinen lasse, von der andern, daß ihre Ausführung die preußischen Abgeordneten im Reichstag als eine zu compakte und organisirte Landsmannschaft im Gegensatz zu den übrigen Abgeordneten stellen würde. Obwohl wir beide Ausstellungen nicht für begründet halten, geben wir jene Idee doch nicht als einen praktischen Vorschlag, sondern nur als eine von den vielen Combinationen, die in den letzten Jahren zur theoretischen Lösung der deutschen Verfassungsfrage versucht worden sind.

Jetzt ist ein anderer praktischer Weg zu dieser Lösung eröffnet und alle unsere Kräfte haben sich darauf zu richten, daß dieser Weg, mit Konsequenz eingehalten, zum Ziele führe.

10.

Sehr schwierig wird die Lösung der Frage sein, welche Stellung der Bundesstaat in seinem jetzt in Frage stehenden Umfang zu dem weiteren Bunde einzunehmen habe. Die Reichsregierung, wenn sie noch vor dem ersten Mai zusammentritt, wird das Interim noch in Kraft finden und sofort sich mit der Frage beschäftigen müssen, ob die Verlängerung des Vertrages vom 30. September wünschenswerth sei. Es dürfte von Nutzen sein, in dieser Beziehung die rechtliche Stellung, welche die Bundes-Kommission zu den Organen des Bündnisses vom 26. Mai (sc. der Krone Preußen und dem Verwaltungsrath) einnimmt, nochmals in scharfe Erwägung zu ziehn; denn das jetzige Provisorium in Deutschland ist ein Abbild, ein Schatten des künftigen Definitivums. Das Bündniß vom 26. Mai repräsentirt den zu bildenden Bundesstaat und das Interim die mit Oesterreich abzuschließende Union. Das Rechts- und Competenzverhältniß der Organe des jetzigen engeren Bündnisses vom 26. Mai und des weiteren Bundes von 1815 ist aber folgendes:

Akte einer Bundesgewalt, welche sich ausschließlich auf das Gebiet der Contrahenten vom 26. Mai beziehen, stehen nur den Organen des Bündnisses vom 26. Mai und zwar denselben selbständig zu. In diesen engern Kreis, soweit es sich nur um dessen eigne Angelegenheiten handelt, darf die Bundes-Kommission nicht eingreifen. Gesetzt also es brächen ausschließlich auf dem Gebiet der im engern Bündniß vereinigten Staaten, etwa in Thüringen, oder in Sachsen Unruhen aus, so hätten die Krone Preußen und der Verwaltungsrath je nach der unter sie getheilten Kompetenz allein die erforderlichen Maßregeln zur Dämpfung des Aufstands zu beschließen und auszuführen, und überhaupt derartige Vorgänge als innere Angelegenheiten des engeren Bundes zu behandeln. Oder gesetzt, ein privatrechtliche oder politische Streitigkeit bräche zwischen zwei Staaten, die beide Mitglieder des Bündnisses vom 26. Mai sind, aus, ohne daß einer der übrigen deutschen Staaten dabei mit betheiligt wäre, so würde nur das Bundesschiedsgericht zu Erfurt die zur Rechtsprechung competente Stelle sein. Das Bündniß vom 26. Mai hätte in der That keine Bedeutung mehr, wenn seine Mitglieder nicht verbunden und berechtigt wären nur bei seinen Organen Hülfe zu suchen und untereinander Recht zu nehmen.*) In dieser Beziehung ist der Vertrag vom 26. Mai den Kontrahenten selbst gegenüber ein genügender Titel. Anderen deutschen Staaten steht einerseits kein Recht zu, gegen Akte der engeren Bundesgewalt Einspruch zu thun; denn jeder deutsche Staat kann kraft des Rechts zu Bündnissen sich zu gewissen Zwecken einer engeren Bundesgewalt unterwerfen, auch im Voraus für bestimmte Fälle einen oder mehrere andere Staaten um bundesmäßige Hülfe anrufen. Andererseits sind dem Bündniß vom 26. Mai die Mittel gegeben, materiell zu verhindern, daß die Bundes-Kommission nicht ebenfalls und concurrirend Akte einer Bundesgewalt, die sich ausschließlich auf das Gebiet der Kontrahenten vom 26. Mai beziehen, vornehme. Diese Mittel bestehen darin, daß Preußen alle solche Akte einer Bundes-Gewalt in der Bundes-Kommission, soweit es rechtlich zulässig ist, durch sein Veto verhindere. Die Kompetenz der Organe des engeren Bündnisses in dieser Weise geltend zu machen, ist Preußen nicht bloß aus

*) Diese Verpflichtung ist für die verbündeten Regierungen untereinander unbestritten, nicht aber in Bezug auf das Verhältniß von Privaten zu denselben.

politischen Gründen bewogen, sondern eben nach dem Vertrag vom 26. Mai seinen Mit-Kontrahenten gegenüber rechtlich verpflichtet.

Was nun die Kompetenz der Bundes-Commission betrifft, so erstreckt sich dieselbe nur auf solche Akte einer Bundesgewalt, welche sich auf das Gebiet der nicht zum Vertrag vom 26. Mai getretenen deutschen Staaten, oder gemeinsam auf das ganze Gebiet des Bundes von 1815 beziehen.

Nach Analogie des Vertrags vom 26. Mai, in dessen Geist und zu dessen Ergänzung, nicht zu dessen Aufhebung Preußen ja beim Abschluß des Interims handeln wollte, ist Preußen überhaupt zu seiner Stellung in der Bundes-Kommission legitimirt durch die Bestimmung im Artikel III. §. 4. dieses Vertrags:

„Werden diplomatische Verhandlungen, sei es zur Abwendung der Gefahr äußeren Kriegs, oder zum Abschluß von Allianzen ꝛc. nothwendig, so sollen dieselben durch die Krone Preußen geführt und der Verwaltungsrath über den Gang derselben in vollständiger Kenntniß gehalten werden."

Das Recht der Verbündeten vom 26. Mai, bei der Bundes-Kommission Bevollmächtigte zu haben, darf nur nach der ferneren Bestimmung desselben Paragraphen ausgeübt werden:

„Dem Verwaltungsrath steht es frei zu bestimmen, ob in besonderen Fällen die verbündeten Regierungen eigne Bevollmächtigte zur unmittelbaren Theilnahme an den Verhandlungen absenden ꝛc."

Art. III. §. 1. 2. 3. desselben Vertrags bestimmt, bei welchen Instruktionen an ihre Bundes-Kommissare die Krone Preußen selbständig, ferner, bei welchen sie im Einverständniß mit dem Verwaltungsrath verfahren wird. Mit einer generelleren Instruktion und, wie es sachgemäß ist, mit mehr freier Hand konnten die Bundes-Kommissare zu den laufenden Geschäften der Verwaltung des Bundes-Eigenthums gestellt werden.

Daß der Preußischen Regierung die hier entwickelte Auffassung sowohl beim Abschluß maßgebend war, als bei ihrer Stellung in der Bundes-Kommission selbst ferner maßgebend sein wird, verbürgt die von ihrem Bevollmächtigten bei Vorlage des Vertrags über das Interim im Verwaltungsrath am 8. Oktober abgegebene, mit dessen Protokollen veröffentlichte Erklärung.

Das Kompetenz-Verhältniß, um es kurz zu wiederholen, ist also folgendes: Die Organe des Staatenvereins vom 26. Mai handeln innerhalb desselben selbständig und ausschließlich. Im übrigen Deutschland, oder in Bezug auf die Gesammtheit des Bundes von 1815 darf wenigstens ohne ihre Einwilligung und Instruktion kein Akt der Bundes-Gewalt durch die Bundes-Kommission geschehn.

Möchte von dem Rechtsboden, welcher durch die Verträge vom 26. Mai, vom 30. September und durch die Erklärung des Preußischen Bevollmächtigten vom 8. Oktober geschaffen worden ist, kein Fuß breit nachgegeben werden! Jede nachtheilige Einräumung während des Provisoriums präjudicirt dem Definitivum. Die Meinungsverschiedenheit beider Großmächte über die deutschen Verhältnisse ist der Art, daß durch einzelne Concessionen in Frankfurt eine Vermittlungsbasis nicht gewonnen werden kann. Preußen kann dem Conflikt der beiderseitigen Meinungen ruhig entgegensehen, so lange es das günstige Terrain nicht verloren hat, auf dem es sich beim ersten Zusammentritt der Bundes-Kommission befand.

11.

Auf der im Vorstehenden erörterten Basis halten wir eine Verlängerung des Vertrags vom 30. September für wünschenswerth. Der Umstand, daß an die Stelle des provisorischen Bündnisses vom 26. Mai der definitive Bundesstaat hoffentlich binnen Kurzem getreten sein wird, macht aber von dem Augenblick an, wo diese Konstituirung wirklich erfolgt ist, folgende Modifikation resp. schärfere Ausprägung des bisherigen Verhältnisses nothwendig.

1. Die Krone Preußen ernennt und instruirt, als Reichsvorstand, durch das Reichs-Ministerium ihre Bundes-Kommissare.

2. Akte einer Bundesgewalt im Innern des Bundesstaats stehen nur den verfassungsmäßigen Gewalten desselben, zu und die Bundes-Kommission hat keinerlei Einwirkung auf die inneren Angelegenheiten des Bundesstaats.

Oesterreich würde somit den engeren Bundesstaat, soweit er faktisch besteht, anerkennen müssen. Ein Ignoriren desselben ist in der That, sobald er in die Erscheinung getreten ist, nicht mehr möglich. So lange er nur im Plane lag, konnte man sich gegenseitig durch Reservationen helfen, reale Thatsachen aber lassen sich nicht verwischen. Die Oesterreichische Anerkennung könnte übrigens um so unbedenklicher ausgesprochen werden, als sie auf die Frage keinen präjudicirenden Einfluß haben würde, in welcher Weise die definitive Verfassung für ganz Deutschland, und namentlich das Verhältniß der vier mittleren Königreiche zu derselben zu gestalten sei. Die Regelung dieses Verhältnisses bliebe vielmehr ferneren Vereinbarungen, und soweit Hannovers und Sachsens Stellung zu dem Bunde vom 26. Mai in Frage kommt, der durch diesen Vertrag möglich gemachten rechtlichen Entscheidung überlassen.

Indem wir die Verlängerung des Interims in dieser Modalität befürworten, setzen wir freilich voraus, daß alle dem Bündniß vom 26. Mai treu gebliebenen Staaten auch wirklich den Bundesstaat mit bilden, und durch die Spekulation auf den von der Bundes-Kommission zu erhaltenden Schutz kein Staat sich von der Pflicht der Treue gegen den engeren Bund dispensirt halten werde, indem ein solcher — übrigens als eintretend nicht zu erwartender — Fall sehr leicht die von Preußen einzunehmende Position gänzlich verändern könnte.

Wir sind für die Verlängerung des Interims auch deshalb, weil wir in der Einrichtung der Bundes-Kommission im Wesentlichen die einzige Form sehen, unter welcher wir ein organisches Verhältniß des Bundesstaats zum weiteren Bund für räthlich halten. Das Interim ist ein Analogon und der Ausgangspunkt der Union, welche zwischen dem fertigen, ganz Deutschland ohne die österreichischen Provinzen umfassenden, Bundesstaat und zwischen Oesterreich anzustreben ist. Diese Union halten wir freilich nur in einer anderen Gestalt als in der durch den Preußischen Bevollmächtigten v. Kanitz im Juni 1848 der Kaiserlichen Regierung dargebotenen Form für möglich. Als Basis betrachten wir die Sätze: Oesterreich und der Bundesstaat sind beides in sich geschlossene und selbständige Großmächte nach Innen und Außen, und stehen in einem engen Bündniß mit bestimmten gegenseitigen Rechten und Pflichten; die Großmacht des bisherigen deutschen Bundes wird von beiden Regierungen repräsentirt; die Centralbehörde zur Regelung der gemeinsamen Interessen des weiteren Bundes und der gegenseitigen Leistungen seiner Glieder, sowie zur Verwaltung des gemeinschaftlichen Bundes-Eigenthums besteht aus vier Bevollmächtigten, von denen das Oesterreichische Kabinet und die Regierung des Bundesstaats je zwei ernennen und instruiren. — Diese Centralbehörde und überhaupt die ganze Union würden aus der jetzigen Bundes-Kommission und dem Interim sich nach und nach entwickeln, indem mit dem Anschluß jedes neuen Staats an den Bundesstaat der selbständige der Einwirkung der Bundes-Kommission entzogene Kreis der engeren Bundes-Angelegenheiten sich erweitern, der Geschäftsbereich der Bundes-Kommission sich verringern würde, bis demselben zuletzt nur diejenigen Angelegenheiten überwiesen bleiben, welche wirklich zugleich Deutsch-Oesterreich und das ganze übrige Deutschland angehn. Auch so lange diese Entwicklung noch nicht vollendet ist, würde der engere Bundesstaat in Errichtung einer aus mehreren Gliedern, etwa unter Betheiligung der Regierungen der vier Königlichen Mittelstaaten, componirten Behörde für den weiteren Bund von 1815 nicht willigen können; denn er würde dadurch selbst das präjudiciren und erschweren, was er in Bezug auf die Neu-Gestaltung Deutschlands erstrebt. So sehr derselbe den ihm nicht beigetretenen Staaten die volle Freiheit der

Entschließung in Bezug auf ihren Weg überläßt, so wenig darf man ihm ein Aufgeben seines eignen Planes zu Gunsten der Plane seiner Gegner zumuthen.

Gegen die Errichtung eines zu Majoritätsbeschlüssen berechtigten, von Gesandten der vier mittleren Königlichen Regierungen mit beschickten Bundestags spricht sogar die Analogie des alten Bundesrechts. Wollte man nämlich unter Berücksichtigung des in den letzten zwei Jahren zur Gestaltung Gekommenen, Einzelnheiten der untergegangenen Bundesverfassung wiederherstellen, oder doch nach Analogie der alten die neuen Einrichtungen schaffen, so würde man vor Allem zu berücksichtigen haben, daß von den 17 Stimmen des engeren Raths der früheren Bundesversammlung Preußen und die Verbündeten des 26. Mai (außer Hannover und Sachsen) zusammen 10 Stimmen, Oesterreich und die Königreiche nur 5 führen. Jene hätten also schon eo ipso daselbst die Majorität und würden keinen Grund haben, ihren Einfluß schmälern zu lassen, weil ihre Stimmen nunmehr concentrirt sind und durch gemeinsame Organe in derselben Richtung abgegeben werden.*) Nur zu Gunsten Oesterreichs könnten sie einen großen Theil der früheren Rechte aufgeben, weil und insoweit dies ihrem Unions-Plan entspricht. Von den 69 Stimmen des Plenums würden den Mitgliedern des Bundesstaats in dem fraglichen Umfang 40, Oesterreich und den 4 Königreichen zusammen 20 Stimmen zustehn. Oesterreich und der Bundesstaat zusammen würden also die im Plenum zu authentischen Interpretationen der Akte des weiteren Bundes und zu Kriegs- und Friedensschlüssen für denselben (Bundes-Akte Art. 6 und Schlußakte Art. 12) erforderliche Majorität von zwei Drittheil der Stimmen allein in sich vereinigen. Wollte man also der Analogie des alten Bundesrechts folgen, so würden die Bevollmächtigten der vier mittleren Königreiche neben

*) Die Bestimmung der Wiener Schlußakte Art. 16. giebt keine Analogie dagegen, daß mehrere Mitglieder nicht ihre mehreren Stimmen durch ein gemeinsames Organ führen lassen.

der von Oesterreich und dem Bundesstaat gebildeten Bundes-Kommission in der Regel nur ein berathendes Votum, ein Zustimmungsrecht aber nur in denjenigen Fällen beanspruchen können, in welchen die frühere Bundesversammlung nur durch Einstimmigkeit ihrer Mitglieder Beschlüsse fassen konnte.

Es ist dem Bundesstaat indeß noch aus anderen Gründen unmöglich, an der Centralgewalt des weiteren Bundes außer seiner eignen und der Oesterreichischen Regierung noch andere deutsche Regierungen Theil nehmen zu lassen. Würde dieses Recht nämlich den dem Bundesstaat nicht beigetretenen Königlichen Regierungen eingeräumt, nicht aber denjenigen, welche sich dem Bundesstaat schon angeschlossen haben, so wäre das ebensowohl eine verletzende Beeinträchtigung der letzteren z. B. der Regierungen von Baden, der beiden Hessen, Mecklenburg, Nassau und anderer, als eine Benachtheiligung Preußens im Verhältniß zu dessen Stellung in der früheren Bundesverfassung. Nach dieser hatte es durch die Unterstützung der ihm befreundeten kleineren Staaten leicht die Majorität in der Bundesversammlung. Jetzt aber würde es zwischen lauter natürlichen Gegnern drei- und vierfach überstimmt in die allerungünstigste Lage gerathen. Der erfahrene Politiker der Ober-Postamts-Zeitung schildert uns zwar eine solche Kombination mit den freundlichsten Farben. Der so revidirte Bundestag soll hergestellt, der engere Bund dagegen kann anerkannt werden. Nur darf er keine neue Erwerbungen machen und Baden und Hessen sind vom ihm loszulösen, um die süddeutschen Stimmen zu verstärken. Alle Theile sollen auf diese Weise befriedigt werden und Friede und Freude herrschen im deutschen Reich. — Es liegt eine schalkhafte Ironie in diesem Vorschlag und in der Behauptung, daß er wirklich den Zwecken und Intentionen, welche die dem Bündniß vom 26. Mai 1848 beigetretenen Regierungen durch diesen Anschluß verfolgten, entsprechen werde. Was wäre nach ihm das Resultat der ganzen nationalen Bewegung, und der Reform der deutschen Bundesverfassung? Von den Staaten, welche eine nationalere Politik befolgten, würde der Einfluß Preußens bedeutend gemindert, der der kleinen Staaten dritten und vierten Ranges vernichtet; dagegen würde der Einfluß gerade der partikularistisch gesinnten Mittelstaaten und des durch die Verfassung vom 4. März concentrirten und von dem gemeinsamen deutschen Bundesleben sich lossagenden Oesterreich verstärkt! Doch genug von solchen Vorschlägen. Es ist nicht zu befürchten, daß irgend ein Organ des Bundesstaats, weder das Volkshaus und der Reichsvorstand, noch am allerwenigsten das Fürstenkollegium und das Staatenhaus einer solchen Gestaltung der Dinge ihre Zustimmung geben.

Gegen eine andere Kombination des neu herzustellenden revidirten Bundestags, nach welcher neben den Großstaaten und den mittleren Königreichen auch den dem Bundesstaat schon beigetretenen Staaten eine angemessene Anzahl von Stimmen zugetheilt werden sollen, lassen sich aber ebenso begründete Einwendungen erheben. Daraus, daß der Bundesstaat ein nach Innen selbständiges, nach Außen geschloßnes Ganze sein will, folgt, daß auch nur die verfassungsmäßige Regierung desselben in einem weiteren Bunde mit anderen Staaten auftreten kann. Es läge ein Widerspruch in einer Organisation, welche einerseits in dem Bundesstaat einen Reichsvorstand und eine Reichsregierung mit ausgedehnten Befugnissen über die Mitglieder schafft, und andererseits wieder eine Majorität, die zum Theil auch aus denselben Mitgliedern besteht, über diese Gewalten stellt. Es würde ein trauriges Schauspiel der Uneinigkeit sein, wenn Staaten aus dem engeren Bunde im Widerspruch mit den verfassungsmäßigen Gewalten desselben durch Verbindung mit den dem Bundesstaat nicht angehörenden Stimmen in der Behörde des weiteren Bundes den Bundesstaat durch Abstimmungen zu Beschlüssen zwingen könnten. Die politische Einheit des Bundesstaats würde demnach durch eine solche Organisation geradezu aufgehoben. Auch Preußen würde in seiner ganzen Europäischen Stellung noch außerdem dadurch gefährdet. Statt daß die Großmacht, die es repräsentirt, durch die Vereinigung mit dem deutschen Bundesstaat verstärkt im deutschen Interesse selbständig auftreten könnte, würde dieselbe durch Unterordnung unter eine Organisation geschwächt, deren Wesen nur Zerrissenheit in sich selbst und Ohnmacht wäre. Alle Versuche, diesen Nachtheilen durch Trennung der Kompetenz der Gewalten des engeren und des weiteren Bundes vorzubeugen, werden sich als vergebliche erweisen. Die Frage: Wo ist der Sitz der Macht und der Entscheidung? beantworte man einfach und nicht durch verwickelte Distinktionen der Kompetenzen.

12.

Indem wir diese Betrachtungen schließen, können wir uns nicht verbergen wie gefährdet gerade im jetzigen Augenblick die große Sache ist, deren einzelne Momente wir hier erörterten.

Einestheils giebt die Minister- und Verfassungskrisis in Preußen zu ernsten Befürchtungen Anlaß. Die Meinungen derer gehen auseinander, auf deren Einverständniß das Glück Preußens und die Hoffnung Deutschlands beruht. So viel edle Motive sehen wir auf beiden Seiten, und doch so wenig Aussicht auf Verständigung. Möge der gute Genius Preußens diese Krisis noch zu einem glücklichen Ausgang führen!

Wie aber auch dieser Ausgang sei, so darf der Weg nicht aufgegeben werden, den Preußen in der Deutschen Sache eingeschlagen hat. Ein Staat, der mit einem so großartigen Plan vor Europa getreten ist, hat seine Ehre auf die Durchführung desselben gesetzt. Das Mißlingen dieses Plans wäre auf dem politischen Gebiet für Preußen eine zweite Niederlage bei Jena.

Zwar fehlt es nicht an Stimmen im Innern wie von Außen, welche Preußen abziehen möchten von der Einigung Deutschlands auf Grund der am 26. und 28. Mai 1849 eingeschlagenen Richtung. Bald bittend, bald warnend, bald drohend rathen sie zu temporisiren, den gefürchteten Reichstag wenigstens jetzt noch nicht zusammentreten zu lassen, die Bildung des Bundesstaats nochmals in Ueberlegung zu ziehn. Sie nennen den Bund derer, die überhaupt sich enger verbinden wollen und den Anfang der das Ganze umfassenden Vereinigung, ein Sonderbündniß, eine Spaltung Deutschlands. Diese Mahnung, nur Zeit zu gewinnen, die Sache hinzuziehen und verkümmern zu lassen, erinnert an den Rath Burleigh's in Bezug auf Maria Stuart:

„Man breitet aus, sie schwinde, läßt sie kränker
Und kränker werden, endlich still verscheiden:
So stirbt sie in der Menschen Angedenken —
Und Euer Ruf bleibt rein."
„Nicht mein Gewissen"

läßt hierauf Schiller den edlen Sir Paulet antworten.

Ebenso wird auf den ähnlichen Rath, der ihnen in Bezug auf Preußens jetzigen Weg zur Herbeiführung der Deutschen Einigung so oft gegeben wird, die Antwort des Königs und der Regierung lauten, deren Kommissar in öffentlicher Sitzung vor der Nation, die deutsche Einheits-Politik das heilige Fideikommiß Preußischer Ehre genannt hat.

Beendigt den 17. Januar 1850.

Druck von Carl Schultze in Berlin.

Kolibri 360 GmbH
Ferdinand-Jühlke-Straße 7
99095 Erfurt, Deutschland
produktsicherheit@kolibri360.de